Tangat

Katja Pesonen

Tangat

© 2018 Katja Pesonen

Kustantaja: BoD™ – Books on Demand, Helsinki, Suomi
Valmistaja: Books on Demand GmbH, Norderstedt, Saksa
ISBN: 9789528002253

Aluksi

Tankan taltioidun 1300 vuoden historian aikana sen tunnetuin käyttötarkoitus on ollut toimia salaisina viesteinä rakastavaisten välillä. Kiihkeän lemmenyön jälkeen henkilö kirjoitti rakastajalleen tankan, jossa kiitti nautinnollisesta vieraanvaraisuudesta, palavista tunteistaan tai kaipuustaan tätä kohtaan. Viesti kirjoitettiin esimerkiksi viuhkaan tai paperinpalalle, joka sidottiin oksaan tai kukan varteen. Tämän viestinviejä kuljetti rakastajalle erityisessä paperiastiassa. Perille saavuttuaan hänelle tarjottiin juotavaa ja mahdollisuus flirttailla talon henkilökunnan kanssa sillä aikaa kun rakastaja kirjoitti vastauksen runoon. Viestinviejä kuljetti rakastajan tankan isännälleen/emännälleen ja auttoi näin pitämään yllä kahden rakastavaisen salaista suhdetta. Sittemmin tanka on monipuolistunut. Niitä on voitu kirjoittaa niin ristiäisiin kuin harjannostajaisiin. Yksi sävy tankassa on kuitenkin säilynyt: rakkaus, oli se sitten kohdistettu rakastettuun, luontoon tai itse elämään.

Talvi

Punaiset hanskat,
kuin jäätyneet vadelmat,
nousevat kohti
kimmeltävää taivasta.
Yletyn sen reunalle.

"Kaiken voi saada."
Hän sanoo sen varmasti.
"Sainhan sinutkin
eikä minulta puutu
nyt enää koskaan mitään."

.

Valkoviini ja
sen tuoma unelias
kosketus selän
kaaressa, olkapäällä.
Riisut villapaitani.

Varmastikaan ei
mikään päihitä sinun
sulaa ääntäsi,
jolla kuiskaat minulle
kuinka arvokas olen.

Valkoinen myski.
Siltä sinä tuoksut ja
se nielee minut
kokonaan kuin El Niño
— lievästi sanottuna.

Sinun kielesi
juoksee kehollani kuin
kaipaus ja jano.
Ohjaa se sisälleni,
jossa virtaa lähteeni.

Tämä hetki on
todellinen kuin vuori,
kun tunnen sielun
koskettavan sielua
— yhtä aikaa kättäni.

Sinä jos kuka
saat mieleni sekaisin.
Otan sinut kuin
eilistä ei olisi.
Shh. Sytytä kynttilät.

Mutteripannu
viheltää aamutuimaan.
Paahdat leipiä.
Mokoma aamuvirkku.
Tule takaisin sänkyyn.

Kauneus ei ole
katsojan silmässä vaan
hänen katseessaan,
kun hän tulee suihkusta
vain pyyhe lantiolla.

Tämä vuode on
saari ja takkatuli
on aurinkomme.
Ihomme kosteus voisi
sulattaa jäisen metsän.

Varjot lentävät
kattoon tehden kuvia
kyyhkysistä kuin
ne toisivat viestiä
alkavasta kaipuusta.

Paljaat lehmukset.
Autot uponneet lumeen.
Takapihalla
teen lumienkelin ja
katson tähtitaivasta.

Tuuli voi mennä.
Lumi saa sulaa, kiitos.
Ei saa kulua
enää hetkeäkään niin
että olet kaukana.

Makaan matolla,
katuvalot valona.
Julmaa kuinka näin
pitkään olen joutunut
sinua odottamaan.

Kevät

Keksitkö yhtään
pätevää syytä siihen
miksi me emme
voisi kävellä puiston
halki käsi kädessä?

Jos olisinkin
paljastanut tunteeni
sinä iltana
nuotiolla, olisit
silti valinnut toisin.

Jäätyneet huulet
kertovat kaiken mitä
halusin tietää.
Laitan takin ja lähden
seuraavalla bussilla.

Ikkunassa on
sinun hallan piirtämät
kasvosi aivan
kuin pilkaten eilistä.
Huokaisen ja se sulaa.

Tässä talossa
kummittelevat haamut,
jotka syntyivät
tapetuista tunteista.
Ne jäytävät minua.

Jos pukeutuisin
punaiseen leninkiin ja
koskettaisin kuin
lilja sinun reittäsi,
rakastaisitko sitten?

"Ei ole hyvä
tarrata kynsin tuuleen",
sanoit, "sillä vain
jumalat vaeltavat
vapaina kuin pääskyset."

Kuin vieras olet
ollut asunnossani.
Käymässä hetken.
Et koskaan aikonutkaan
jäädä. Nyt voit lähteä.

Silmäsi eivät
polta lävitseni niin
kuin alussamme.
Tuoksusi on haihtunut
vartaloltani. Herään.

Sinä et tiedä,
että alan unohtaa.
Olet kuin rukous,
joka ei toteutunut.
Läpinäkyvä hetki.

Tämä maa riittää
jollekin, ei minulle.
En saa hengittää
omaan tahtiini, enkä
lentää kuten haluan.

Sininärhellä
on salaisuus, jota se
kantaa sulissaan.
Sininen on rauha ja
haluan sen omaksi.

Ennen suhdetta
on oltava eheä.
Kukaan ei täytä
tyhjyyttä sisälläsi.
Se huutaa nimeäsi.

Olen nyt kaikki,
yhtä aikaa en mitään.
Huokaukseni ja
kaipuuni ovat yhtä.
Sisälläni on taivas.

Ruohokin kasvaa
väistämättä uudelleen
niille paikoille,
jotka ovat palaneet
tuhkaksi maan tasalle.

Kesä

Rakkaus. Kumppani.
En osaa kuvitella.
Nämä vuodet vain
itseni kanssa ovat
kylmettäneet jotenkin.

Kuinka erotan
vihreän omenan ja
vihreän madon?
Joskus toinen ei ole
toistaan kummempi, niinhän?

Kirkas kuu toimii
oppaana soutavalle
kalastajalle.
Katselen häntä usvan
peittämällä rannalla.

Istun kivellä
seuraten leikkiviä
roiskeita, joiden
seassa kahlaat yhä
syvemmälle aaltoihin.

Olen sinulle
hiekkaa, etkä tunnista
vartaloani
tällä rannalla, tässä
unten makuuhuoneessa.

Haaveillessani
sinusta rinnassani
on sama tunne
kuin timotein kutina
posken ihon nukassa.

Syreenin kukat
levittävät makeaa
tuoksuaan tuuleen.
Nautin avokadosta
varjoisella kuistilla.

Piknik puistossa.
Kuin olisin nielaissut
tuikkivan tähden,
niin kevyt on mieleni.
Joutsenet uivat ohi.

Pienet lemmikit
keskustelevat lammen
pientareella kuin
salaisuuden vartijat.
Ne ovat nähneet meidät.

Punainen taivas.
Laitat keisarinkruunun
korvani taakse.
Juomme jasmiiniteetä
olohuoneen matolla.

Tämä täysikuu
saa minut väreilemään.
Peittojen alla
sinun hyväilyissäsi
sykin vielä enemmän.

Avonaisesta
ikkunasta visertää
aamutuuli ja
aurinko nostaa pitsin
makuuhuoneen seinälle.

Kuiskaan simpukkaan
kuinka paljon sinua
rakastan — aina.
Laitan sen rinnallesi
sydämesi kohdalle.

Vielä on lämmin.
Vielä on tämä hetki
ennen matkaasi.
Perhosen siipi välkkyy
loppukesän säteissä.

Koskaan ei ole
tehty näin rikkinäistä
kesää ja unta.
Auringon alla palan
karrelle ikävästä.

Syksy

Kun aurinko ja
syystuuli yhdistyvät,
minussa herää
uuden alun odotus.
Syksy ei ole kuollut.

Nainen kävelee
kaatosateessa pinkin
sateenvarjon ja
banaaninkuoren kanssa.
Hieraisen silmiäni.

Laitan kuivatut
kissankellot maljakkoon.
Kahvi on valmis.
Sytytän tuoksulyhdyn,
hukuttaudun kirjoihin.

Keltaiset lehdet.
Syystuuli ohittaa ne
kuin suojellakseen
niitä pudotukselta.
Nojaan runkoa vasten.

Ajatuksista
kasvavat villit joet
jotka puskevat
tiensä läpi kallion.
Kuljen niiden polkuja.

Sinä hetkenä
kun katsoit minuun yli
ruuhkaisen kadun,
maailmani menetti
järjen ja järjestyksen.

Ruuhka ja tungos.
Kämmenselkä koskettaa
takinlievettä.
Tuossa paikassa kaikki
on hiljaista ja tyyntä.

Tänä iltana
vaikeroimisen sijaan
voisin sulkea
suuni ja hiljentyä
odottamaan sinua.

Hän seisoi siinä
kynnyksellä märkänä.
Ilman elettä
ojensi pussillisen
tuoreita kirsikoita.

Sormesi juoksee
pitkin selkärankaani.
Erykah Badun
kermainen soundi kiertää
syliinsä meidät kaksi.

Juostaan käsikkäin
keskelle ukonilmaa.
Sinä voit olla
minun sateenvarjoni,
minä kumisaappaasi.

Tänään ratsastan
kanssasi kukkulalle,
vaahteran alle.
Kieritään pudonneissa
lehdissä, sammaleessa.

Parransänkesi
tuntuu sammaleelta sen
koskettaessa
reiteni sisäpintaa.
Metsänkehto keinuttaa.

Teen ikuisuuden
symbolin ihollesi.
Laitat käden sen
päälle ja kuiskaat kaiken
mitä haluan kuulla.

Kunpa olisin
tiennyt että odotus
palkitaan jollain
näin hyvällä. Olisin
voinut luottaa elämään.

Satakieleni.

Äänesi hengittää läpi huoneitteni.
Minä haluan herätä joka aamu viereltäsi
maailman loppuun asti.

Vaikka myös yöt ovat kirkkaita
valossaan mykistäviä
aina kun sinä olet siellä.